No mundo dos livros

No mundo dos livros

José Mindlin

2ª edição

AGIR

Copyright © 2009 José Mindlin

Capa
Lucia M. Loeb

Fotos de capa e miolo
Lucia M. Loeb

Revisão
André Marinho
Clara Diament
Jorge Amaral
Patrícia Reis

Produção editorial
Lucas Carvalho

CIP-BRASIL. CATALOGAÇÃO NA FONTE
SINDICATO NACIONAL DOS EDITORES DE LIVROS, RJ

M573c
Mindlin, José, 1914-2010
No mundo dos livros / José Mindlin. – 2.ed. – Rio de Janeiro: Agir, 2009.
ISBN 978-85-220-0785-1
1. Livros e leitura. I. Título.
09-0452. CDD: 028
CDU: 028

Todos os direitos reservados à Agir, selo da Editora Nova Fronteira Participações S/A., uma empresa do grupo Ediouro Publicações. Rua Nova Jerusalém, 345 — Bonsucesso — CEP 21042-235 — Rio de Janeiro — RJ Tel.: (21) 3882-8200 — Fax: (21) 3882-8212/8313

Sumário

Introdução
7

A importância da leitura
11

Mundo da leitura
23

Algumas obras de não ficção
35

Começo da biblioteca
41

Garimpagem
55

Leituras variadas
65

Índice
99

TRAVELS   TRAVELS   LIN
   IN   IN

Introdução

Na Antiguidade Clássica e na Idade Média, a produção literária, filosófica e científica era oral ou então gravada em pedra ou cerâmica, ou ainda manuscrita, de circulação obviamente limitada. Muita coisa deste tempo chegou, felizmente, aos nossos dias, por obra de pesquisadores ou escribas de mosteiros. Mas grande parte inevitavelmente se perdeu.

Só em meados do século XV, com a invenção dos tipos móveis de impressão, por Gutenberg – uma verdadeira revolução, comparável à introdução da informática no século XX –, é que essa situação começou a se modificar, ao menos na Europa ocidental. Mas creio que nem o próprio Gutenberg se deu conta desde logo dos efeitos que sua invenção iria proceder. Efeitos espetaculares e duradouros, que nasceram da curiosidade de um ourives de Mainz, na Alemanha, que começou a fazer tentativas de impressão em blocos de madeira, que acabaram resultando na invenção dos tipos móveis em metal fundido. É verdade, embora isso pareça mais lenda do que outra coisa, que na biografia de Gutenberg aparece uma frase que ele teria pronunciado em 1462, sete anos depois da impressão de uma Bíblia – o primeiro livro impresso no mundo: "Deem-me 26 cavalinhos de chumbo e eu conquistarei o mundo." De fato, foi essa invenção que possibilitou o aparecimento do livro impresso, de alcance muito mais difundido. Embora a leitura tenha sido sempre, através dos tempos, privilégio de uma minoria, pode-se realmente falar de revolução a propósito do invento de Gutenberg. Só nos 45 anos que vão da primeira Bíblia impressa por ele, em 1455, até 1500, foram impressas cerca de 40 mil obras, em tiragem média de duzentos ou trezentos exemplares, o que resultou no aparecimento de milhões de livros, abrindo a possibilidade de leitura para uma parcela significativa da população europeia daquele tempo. Dificilmente alguém poderia prever, no mundo limitado em que vivia, tudo de bom e de mau que a invenção dos tipos móveis iria representar para a humanidade. Mais adiante, nesta conversa que estou iniciando, acredito que vai ficar mais clara a influência do livro na história da humanidade.

Mas antes da invenção de Gutenberg permitir a multiplicação de exemplares, houve uma exceção notória nas tiragens do século XV, a chamada *Crônica de Nuremberg*, de Hartmann Schedel, publicada em 1493, que se editou em 1.250 exemplares. Foi, além dessa quantidade incrível para o período, também o livro com mais ilustrações à época de seu aparecimento. E a produção de livros não parou de aumentar até os nossos dias – um processo que vem durando, portanto, mais de 550 anos. Mas o crescimento populacional desacompanhado de educação eficiente foi mantendo limitada a porcentagem da população com acesso à leitura desses livros, que assim mesmo foram sendo publicados em escala crescente.

Na questão do analfabetismo, vou me limitar ao caso brasileiro, pois enquanto na Europa, nos três séculos que se seguiram à invenção de Gutenberg, ia aumentando o número de leitores, nos trezentos e poucos anos de existência do Brasil colonial o analfabetismo era quase total. Ainda hoje, embora tenha crescido a alfabetização, parte dela é muito precária. Consideram-se alfabetizadas pessoas que sabem assinar seu nome, mas não sabem ler. É uma situação profundamente injusta, pois é causa e efeito de exclusão social. Estudos têm revelado que chegam a existir alunos de ensino médio que nem sequer sabem ler. Fala-se muito da inclusão de uma parcela cada vez maior de nossa população nos benefícios da cultura, mas não se fala o bastante da leitura, que é um dos mais poderosos instrumentos para que esse imperioso objetivo seja atingido. Tomara que este livro possa contribuir para difundir a importância dos livros e o amor à leitura!

CAPÍTULO I

A importância da leitura

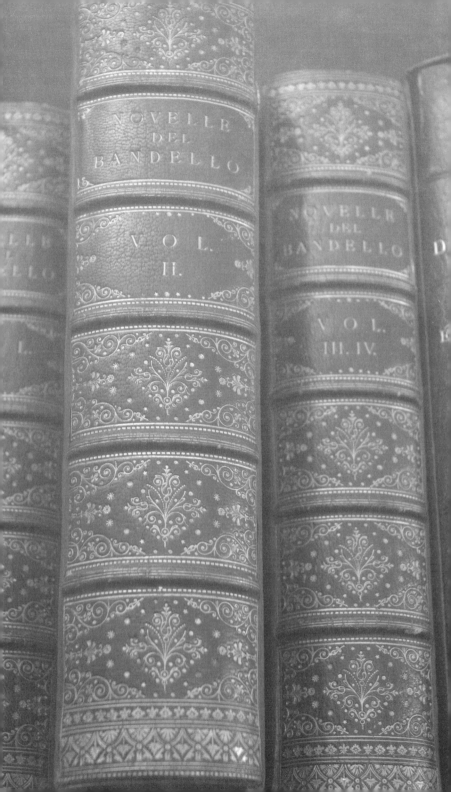

Quem não lê não sabe o que está perdendo, pois a leitura dá um sentido espiritual à vida, abre horizontes, dá uma visão melhor e mais ampla do mundo e da sociedade em que vivemos, estimula a imaginação e o sonho, e cria possibilidades antes impensadas de reivindicar mudanças em nossa sociedade, corrigindo as injustiças sociais e políticas que nos afligem. As coisas dificilmente mudarão se não for dada à grande massa de nossa população uma educação adequada e consciência de cidadania, o que exige, em última análise, o desenvolvimento e a consolidação de práticas de leitura.

Você não concorda? Espero que concorde!

Mas não é só a leitura, mesmo com toda a sua importância, que deve ser objeto de ponderação e estímulo. Na apreciação das obras cabe, creio eu, examinar o papel que o próprio livro – enquanto suporte de escrita e de leitura – foi gradualmente exercendo no contexto da sociedade. Acabo de falar sobre o efeito da leitura para possibilitar a reivindicação de se corrigirem os males que assolam nossa sociedade. Levando adiante esta observação, cabe acentuar que o livro tem um papel não só didático como também político, tanto que, com o tempo, passou a ser temido pelos governos autoritários.

Por exemplo: não é sem razão que os jesuítas, na catequese dos índios, lhes ensinavam artes manuais, pintura, música, fabricação de instrumentos musicais, coisas todas muito sofisticadas, mas não os ensinavam a ler e muito menos a escrever, porque isso poderia acarretar risco de subversão.

E isso não ocorreu apenas com os jesuítas.

A própria Igreja Católica estabeleceu um *Index Librorum Prohibitorum* – Índice de Livros Proibidos –, vedando a leitura de textos que, de uma forma ou outra, contrariavam os ditames de sua pregação. Igual procedimento foi adotado pelas ditaduras nazista, fascista e comunista: aliás, regimes autoritários em geral não só estabeleceram rigorosa censura, como também proibiram a leitura de livros considerados "nocivos" e, mais do que isso, destruíram e queimaram em praça pública bibliotecas inteiras. Isso vem de longe e continua a existir em nossos dias, ultimamente no Leste europeu.

Mas, a longo prazo, a censura nunca vence. Temos, aliás, numa estante de nossa biblioteca, um exemplo interessante de censura e ao mesmo tempo da força do intelecto. Refiro-me aos *Sonetos* de Petrarca, editados em Veneza, em 1533, alguns dos quais foram censurados por serem contra o papa. Alguns dos exemplares tiveram as páginas arrancadas, e outros, como o nosso, tiveram o texto coberto em nanquim. Ocorre que o tempo foi mais forte que a censura, pois a tinta se apagou, e o texto que o nanquim cobria e que ninguém devia ler hoje é perfeitamente legível. Isso mostra que nem sempre se consegue esmagar a liberdade de expressão.

Mas, voltando ao papel do livro, lembro-me de um que li há muito tempo, que ilustra outro aspecto da leitura. Trata-se de *Viagem à roda do meu quarto*, publicado em 1794, de Xavier de Maistre, um escritor francês. Como seu título indica, ele mostra como uma obra pode isolar o leitor do mundo que o cerca. Mas esse é apenas *um* dos aspectos da natureza de um livro. Por outro lado, paradoxalmente, para o leitor, o mesmo livro representa também uma janela para o mundo, permitindo que ele possa viajar a países longínquos ou penetrar em ambientes os mais diversos sem sair de seu quarto.

Não é uma beleza?

Fico imaginando, por experiência própria, o quanto a leitura representa como fonte de conhecimento e de prazer. O conhecimento do mundo, a possibilidade de entender e se beneficiar do progresso científico e tecnológico de que somos contemporâneos são obviamente muito importantes. Além disso, as emoções que a leitura de livros instigantes provoca, como as obras de Alexandre Dumas ou de Graciliano Ramos – para mostrar como é amplo o mundo da leitura –, são, a meu ver, incomparáveis.

Reconheço e proclamo a importância dos livros chamados "sérios", mas sua leitura não deve ser considerada uma obrigação. A leitura de uma comédia é tão proveitosa como a de um drama. A leitura de uma história de amor, de um livro de aventuras, de ficção científica, de um romance policial é perfeitamente justificada. Digo sempre que a leitura é um mundo de liberdade intelectual. É quase irrelevante que as primeiras leituras tenham, ou não, a assim chamada *qualidade literária*, embora obviamente quando a tiverem será preferível. A seleção vem com o tempo; o importante é que as pessoas adquiram o hábito de leitura. E, naturalmente, é preferível – porque melhora desde cedo a qualidade de vida – que esse hábito seja desenvolvido na infância ou na juventude. A história mostra que o amor à leitura se cria em casa ou na escola, mas mostra também que muitas pessoas só se iniciaram já adultas no contato com os livros, e assim mesmo com proveito.

Há décadas procuro inocular no maior número de pessoas o "vírus" do amor ao livro e à leitura, e creio poder dizer que tive sucesso em bom número de casos. Faço essa inoculação sem preocupação ou remorso, pois o "vírus" de que estou falando é muito diferente dos numerosos vírus que afligem a humanidade. Ele faz nos sentirmos bem em vez de mal, e o que é especialmente importante é que é incurável. Quem o apanha vai gostar de livros pelo resto da vida. Recomendo aos eventuais leitores deste livro que façam o mesmo que eu tenho feito, multiplicando os resultados desses esforços. O poeta Castro Alves recomendava: "Semeai livros a mancheias." E eu gostaria de pegar uma carona em seus versos, reescrevendo-os, e sugerir: "Semeai leitores a mancheias, fazei o povo pensar."

É claro que esse processo de inoculação tem na realidade um alcance muito limitado, mas pode crescer com o tempo. O grande problema brasileiro é uma necessidade muito mais ampla. O que o país precisa para se desenvolver política e culturalmente é que a maior parcela possível de nossa população venha a poder ler e tenha acesso a livros. Trata-se de um grande desafio, que obviamente não pode ser atendido da noite para o dia. O incentivo a práticas generalizadas da leitura é uma tarefa gigantesca, mas essa é uma razão para que passe a ser uma prioridade nacional.

Você concorda, não é mesmo?

Já se fala há bastante tempo que a educação é o principal problema de nosso desenvolvimento cultural. Ela só pode se concretizar plenamente, no entanto, através da leitura. Nada do que foi conseguido nestes mais de cinco séculos e meio de impressão e difusão de livros poderia ter sido alcançado sem ela. É verdade que dispomos atualmente de um poderoso instrumento de difusão de conhecimentos proporcionado pelo surgimento da informática. Discute-se muito sobre aquilo que considero um falso dilema, que aventa a hipótese de o computador substituir o livro impresso. Eu, porém, vejo na informática um caráter essencialmente complementar ao livro, pois o que este representa é insubstituível. O manuseio do livro convencional não só estabelece o ritmo de aquisição de conhecimentos pelo leitor, como chega a constituir um prazer físico. A informática é um instrumento quase milagroso para a obtenção de informação: pode-se hoje obter em minutos o que se procura, como a cópia de documentos de difícil acesso. Mas o que aparece nas telas é necessariamente efêmero se não for transportado para o papel.

A discussão desse aspecto não é, no entanto, o objetivo deste livro. Minha intenção, ao entrar nesse assunto, foi apenas a de acentuar a importância da prática da leitura na vida das pessoas. É comum hoje em dia ouvir-se, da parte de quem ainda não tem familiaridade com livros, o comentário de que a leitura é enfadonha, e que é perfeitamente possível viver sem ela. A noção é obviamente errada, pois a leitura, embora não deva ser vista como uma obrigação, é, na realidade, uma grande vantagem para quem a pratica.

Acentuando o prazer que o livro proporciona, disseminar-se-á um novo conceito de leitura. Não há propriamente uma receita para se conseguir esse objetivo, mas parece-me evidente que sua conquista deve começar na infância, através do exemplo dos pais ou da leitura em voz alta. Todo bom leitor teve na sua história de leitura alguém mais velho que o iniciou no amor aos livros.

Pense na sua história de vida: quem é que o(a) levou aos livros?

Quando meus filhos eram crianças e faziam anos, eu dava não só ao aniversariante, mas também a seus irmãos, livros como presente. Também os presenteava com livros para consolá-los se caíam da bicicleta ou se estavam doentes. Com isso, valorizava muito o livro e sua leitura, sempre acentuando, no entanto, que leitura era prazer e não obrigação.

Uma forma eficiente de atrair a atenção das crianças é a leitura em voz alta de textos capazes de provocar-lhes o interesse. Outra forma pode ser dizer, quando a criança pega um livro, que ainda é cedo para lê-lo, pois ela não o entenderia. Pode-se ter certeza de que no dia seguinte a criança estará lendo esse livro, às escondidas se for necessário. Isto, no entanto, só pode ocorrer em lares que disponham de livros, o que acontece, por enquanto, sabidamente apenas com uma parcela pequena de nossa população. O substitutivo óbvio da leitura em casa é o aprendizado e sua prática na escola. Como prazer e não como lição obrigatória.

Pois na escola a leitura deve ser encarada não como uma obrigação, e sim como fonte de conhecimento e de prazer. Ao longo do programa do governo estadual de São Paulo para transformar nosso estado num Estado Leitor, tive oportunidade de sugerir a inclusão no currículo do ensino básico de uma hora informal de leitura, que se poderia classificar de um *segundo recreio*. Nessa hora, o professor se transformaria num amigo dos alunos, lendo textos e pedindo comentários ou comentando textos lidos pelos alunos. Não haveria nota escolar. Essa sugestão foi acolhida pelo governo do estado, incluindo a inovação no currículo de todas as escolas primárias públicas. Creio que essa sugestão poderia ser estendida a outros estados.

O acesso ao livro, porém, não é fácil para a grande maioria da população, que vive de pequenos salários, quando os tem. Daí *ter* livros não deve ser condição única para a leitura, embora seja grande o prazer de formar e possuir uma biblioteca particular. O Brasil deve criar um número cada vez maior de bibliotecas públicas e escolares para que qualquer pessoa tenha acesso ao livro. Temos um bom exemplo de política de leitura nos Estados Unidos, onde qualquer cidadezinha dispõe de uma biblioteca pública e, pode-se dizer, mesmo que seja com certo exagero, que lá a biblioteca particular não é a regra, o que infelizmente não é o caso do Brasil.

A formação de uma biblioteca particular é, aliás, tentadora, sem prejuízo de haver mais bibliotecas públicas. Quem se inserir na fauna de leitores que dispõem de bibliotecas está se preparando para viver cercado de novos amigos, pois o livro é um dos melhores amigos imagináveis. Não cria caso em hipótese alguma e está à disposição do proprietário da biblioteca em qualquer tempo: mesmo que tenha ficado na estante durante anos seguidos sem ser tocado, não reclama. Mas... não deixe de visitar os livros periodicamente. Eles apreciam essas visitas!

Procurarei, no curso deste livro, relatar minha experiência pessoal de leitura, e o papel que ela teve em minha formação intelectual e humana. Sempre que me perguntam sobre que vantagens auferi com os livros, minha resposta tem sido simples: sem a leitura eu não seria o que sou. Meu desejo ao procurar induzir o hábito de leitura é que muitas outras pessoas possam dizer o mesmo.

CAPÍTULO II

Mundo da leitura

Fui, desde criança, um leitor inveterado. Ainda não sabendo ler, lembro de ficar extasiado frente às estantes da biblioteca de meus pais. Cheguei até, uma vez, a tirar um livro da prateleira e sentar-me com ele, folheando as páginas e murmurando como se estivesse lendo em voz alta. Nisso, chegou meu pai para ver o que estava fazendo e, quando eu disse que estava lendo, ele se surpreendeu e, chegando mais perto, verificou que o livro estava de cabeça para baixo. Fiquei encabulado e a lembrança permaneceu viva até hoje... Mas foi a última vez que uma coisa assim me aconteceu. Aliás, a propósito desse episódio, uma neta, Helena, que na ocasião tinha 6 anos, observou, numa visita à biblioteca com sua classe de escola, que "livro não tem cabeça". Pena que na época não me tenha ocorrido dizer isso a meu pai...

Devo ter aprendido a ler um pouco mais tarde e sobre isso posso falar agora. Meu amor ao livro começou muito cedo, pois tive a sorte de crescer num ambiente cultural. Em casa havia uma boa biblioteca de bons autores estrangeiros e brasileiros. Houve uma coisa curiosa: meu irmão mais velho, Henrique, que fazia parte do primeiro grupo de arquitetos modernistas, era um grande leitor. Eu o acompanhava quase sempre em suas andanças por livrarias, e isso fez com que eu lesse, aos 12 ou 13 anos, livros que ele lia aos 15 ou 16. Fico até espantado quando lembro que li de 12 para 13 anos uma história das artes e uma história das religiões de Salomão Reinach, um erudito muito em voga na época, além de obras de Alexandre Herculano ou Alfredo d'Escragnolle Taunay. Do escritor português, me lembro de *Lendas e narrativas*, do *Bobo*, e de *O monge de Cister*. E de Taunay, além de *A retirada da Laguna* e *Inocência*, me lembro de *Céus e terras do Brasil* e de *O encilhamento*. Passava, encantado, das histórias religiosas e medievais de Alexandre Herculano às paisagens ensolaradas do interior do Brasil. Lia isso tudo, de calças curtas, na sala de visitas da casa de meus pais.

Você já leu algum desses livros?

Estudando várias línguas, o que antigamente era importante dada a falta de boas traduções, pude ter contato com outras culturas. Hoje o número e a qualidade das traduções para o português melhoraram consideravelmente, embora ainda não seja sempre o caso. Mesmo assim, quase sem exceção, pode-se dizer que os grandes mestres da literatura e do pensamento universal estão hoje felizmente ao alcance do leitor brasileiro.

Como o francês foi desde a infância minha segunda língua, e aprendi o inglês aos 15 anos, meu campo de leitura foi muito amplo. Lia indiferentemente em português e francês, assim como mais tarde em inglês. Em inglês, aliás, o primeiro livro que li foi *As minas do Rei Salomão*, de Rider Haggard, logo depois de ter lido a tradução portuguesa de Eça de Queiroz – tradução que se tornou mais importante que o original. Em francês, depois dos livros infantis, comecei a ler as obras de Júlio Verne e Anatole France, um autor hoje meio esquecido, mas que considero literariamente importante.

Lembro-me até hoje da *Ilha dos pinguins*, em que Anatole France fez uma sátira da sociedade francesa na época do caso Dreyfuss. Este caso constituiu um rumoroso erro judiciário, que condenou à prisão perpétua na Ilha do Diabo, na Guiana Francesa, um oficial judeu, Alfred Dreyfuss, mais tarde reconhecido como inocente. Li também *Os deuses têm sede* – uma descrição muito viva do ambiente de terror da Revolução Francesa. Também li as obras de Romain Rolland, um grande escritor quase ignorado hoje em dia. Dele li uma obra pela qual sempre continuei entusiasmado: *Jean Cristophe*, a história de um rapaz suíço, da adolescência à idade madura, cuja leitura me prendeu intensamente.

Não é apenas através de grandes obras estrangeiras, todavia, que se pode formar um bom leitor. Formam-se excelentes leitores a partir de livros brasileiros: por exemplo, com base em boa parte da nossa produção literária desde a segunda metade do século XIX e de todo o século XX. De modo geral, a característica de um livro que atraia os que estão se iniciando é que, com seu conteúdo, ele prenda a atenção do leitor e lhe dê prazer. Não faltam autores que satisfaçam essa exigência. Vejam-se, por exemplo, as obras de Erico Verissimo, Lygia Fagundes Telles, Fernando Sabino e Luis Fernando Verissimo, para só citar alguns exemplos entre muitos. São histórias imperdíveis, algumas históricas e outras líricas, às vezes inspiradas no cotidiano ou então mergulhadas em comicidade, e que têm, sem dúvida, formado e encantado leitores.

Devo também mencionar, embora rapidamente, a literatura infantil, que é com certeza um excelente instrumento de formação de leitores. Uma das coisas que caracterizam um bom livro infantil é o seu poder de também atrair o interesse dos adultos. *O Pequeno Príncipe*, de Saint-Exupéry, um dos livros mais lidos no mundo desde o seu surgimento, é um bom exemplo do que estou dizendo. Outro exemplo é *Alice no País das Maravilhas*, de Lewis Carroll, livro de extraordinária invenção e criatividade.

Você os conhece, não é mesmo?

Na literatura infantil brasileira há excelentes autores, como, por exemplo, Monteiro Lobato. Aliás, como advogado, conheci-o na cadeia, quando esteve preso como comunista com Caio Prado Jr. Ana Maria Machado, Ruth Rocha e Tatiana Belinky, que sempre se declararam leitoras fiéis do inventor do Sítio, dão seguimento à obra lobatiana, escrevendo livros em que podem morar crianças de todas as idades.

Qualquer um dos livros desses autores pode ser lido com proveito e prazer. Aí, também, obras da literatura infantil estrangeira podem ser de grande utilidade para o leitor brasileiro que esteja se iniciando no campo da leitura. Desde os contos de fadas ou de aventuras como as obras de Andersen, Grimm, Júlio Verne, Selma Lagerlöf, autora de *As aventuras de Nils Hogersson*, todos contribuem para que se alcance o objetivo de formar leitores, assim como a minha geração foi fascinada pelos *Contos da Carochinha*, livro que talvez seus pais, ou os pais de seus pais, conheçam. Converse com eles...

As obras de Júlio Verne, aliás, eu li desde cedo, e até em voz alta para minha mãe enquanto ela bordava. Júlio Verne foi um escritor de meados do século XIX, que antecipou em sua imaginação muito do que só passou a existir correntemente no século XX. *Vinte mil léguas submarinas*, por exemplo, é um de seus livros, escrito numa época em que um submarino era quase inimaginável. Ele também descreveu a selva brasileira em *A jangada*, mas não creio que sequer tenha vindo ao Brasil. Seus livros foram todos traduzidos para o português e, decerto, estão em voga ainda hoje.

A escolha dos livros cuja leitura se possa sugerir não é fácil, pois é imensa a amplitude de boas obras que hoje a literatura universal e a nossa já produziram. Ao longo desta obra vou fazendo algumas sugestões, mas o que considero de importância fundamental é a formação do hábito, pois nunca é demais repetir que é quase irrelevante *o que se lê* no início, já que, como disse anteriormente, a seleção vem depois.

Li, e continuo lendo, ao longo da vida, uma quantidade considerável de obras. Seria impossível lembrar de todas, mas cada livro exerceu um papel em minha formação na ocasião em que foi lido. Acostumei-me, desde a adolescência, a ler *livros sobre livros* e histórias de literatura em geral. Daí aparecerem, muito cedo em meu horizonte, nomes de autores que foram orientando minhas leituras. Muitos dos livros que li permanecem na memória, mas confesso que a maior parte foi esquecida. Com certeza, no entanto, mesmo estes deixaram alguma coisa em mim.

Por tudo isso deixo bem claro, desde logo, que os autores de que vou falar não são só aqueles cujas obras necessariamente *devam* ser lidas. Como disse há pouco, a escolha de livros é um campo de liberdade intelectual em que cada leitor deve ler o que o atrai sem um sentido de obrigação. Se o número de escritores de que eu venha a falar parecer excessivo, quero acentuar que você leitor não deve se sentir assustado pela vastidão do campo em que estará penetrando. Afinal, sou bem mais velho do que você, e, além disso, não creio que exista no mundo alguém que tenha lido *todos* os bons livros da literatura universal. E, se no curso deste texto aparecerem nomes e mais nomes de bons autores menos conhecidos para quem ainda não seja leitor, isso não deve ser visto como requisito de uma boa formação literária: eles apenas fazem parte de *minha* história.

Parece-me claro que, no curso desta conversa, devo dar um bosquejo das minhas leituras. Meu objetivo é privilegiar o campo da literatura de ficção. Mas imagino que nem sempre vou cumprir à risca este propósito. O problema da escolha de livros, como disse antes, é que depende de quem esteja fazendo a escolha – é assunto permanentemente em aberto. Thomas Mann, o grande escritor alemão do século passado (por sinal, filho de uma brasileira), costumava dizer que a leitura dos *bons* livros deveria ser proibida, porque existem os *ótimos*.

Sempre achei exagerada essa colocação porque livros que ele classifica apenas como bons a gente pode considerar ótimos. E, ao contrário, os ótimos de que ele fala podem ser simplesmente bons para outros leitores, ou até mesmo desinteressantes. De minha parte sigo o lema de Montaigne: "Não faço nada sem alegria." Nos seus ensaios sobre livros, ele diz que quando encontra na leitura de um livro dificuldade de entendê-lo, tenta uma ou duas vezes, mas depois desiste, pois diz ele: "Quando encontro dificuldades na leitura não me preocupo demais, pois se insistisse, perder-me-ia e o meu tempo; meu espírito é de compreensão imediata. O que não entendo à primeira vista, entendo menos me obstinando." É possível que a exposição que vou fazer seja pouco ordenada ou mesmo indisciplinada, mas, caro leitor, tenha paciência, porque isso corresponde a uma característica de minhas leituras e da minha natureza.

CAPÍTULO III

Algumas obras de não ficção

GUITA KAUFFMANN

DIREITO BANCARIO

PLUTARCH'S LIVES of THE GREEKS AND ROMANS: Sir Thomas North

I

Apesar de ter escolhido o campo da literatura de ficção como polo de minhas leituras neste livro, há algumas obras que tiveram muita influência na minha vida, que são de outros campos e não podem deixar, a meu ver, de ser destacadas.

Há três livros com que me deparei na vida que também devo mencionar: a Bíblia, o Alcorão e *O Capital*, de Karl Marx. Tanto a Bíblia como o Alcorão vêm tendo influência mundial há séculos, dividindo em dois segmentos distintos uma parte significativa da população mundial. Também *O Capital*, de Marx, fez surgir, no século XIX, uma obra que transcendeu as fronteiras nacionais como inspiração para o movimento de esquerda em todo o mundo, particularmente na Rússia posterior à revolução de 1917. Com isso, o livro de Marx influiu no destino de imenso contingente populacional. Devo confessar, no entanto, que minha leitura da obra de Marx e do Alcorão foi superficial. Mesmo a da Bíblia foi uma leitura espaçada no tempo, mas, no entanto, me trouxe o influxo da civilização judaica e cristã, além de ser uma importante obra literária. Sua origem e autoria são desconhecidas e o próprio texto original sofreu inúmeras modificações no decurso dos séculos, mas é, até hoje, o guia de muitos milhões de leitores. Essas três obras não poderiam deixar de ser mencionadas neste livro.

Tanto na literatura estrangeira quanto na brasileira há algumas obras de não ficção que não posso deixar de mencionar como leituras que certamente tiveram influência na minha formação cultural. As brasileiras que me ocorre destacar são *Os Sertões*, de Euclides da Cunha, *Casa-grande e senzala*, de Gilberto Freyre, ao lado de *Raízes do Brasil*, de Sérgio Buarque de Holanda, e de *Formação da literatura brasileira*, de nosso maior crítico literário, Antonio Candido de Mello e Souza. Cada uma dessas obras, individualmente e em conjunto, é um belo portal para quem quer familiarizar-se mais com a cultura brasileira.

Outra obra, *A divisão do trabalho social*, esta de um sociólogo francês do século XIX, Émile Durkheim, que li aos 20 anos, me causou profunda impressão pela lógica imbatível da exposição, e por focalizar um problema social da maior importância. Conservo até hoje o exemplar que li, publicado nos anos 1920.

Há mais uma obra que li na mocidade e que ficou nítida em minha lembrança. Foi o *Discurso do método*, de Descartes, um filósofo e cientista francês do século XVII. Bastaria para marcá-lo para sempre em minha memória de leitor a frase magistral com que inicia o texto: "O bom senso é a coisa melhor distribuída no mundo, pois não há quem se queixe de não ter o suficiente."

Poderia até ir mais longe nas citações, pois as lembranças vêm se atropelando, mas vamos retornar ao projeto original e focalizar mais de perto a literatura de ficção. E, como minhas leituras nesse campo estão intimamente ligadas à formação de nossa biblioteca familiar, permita-me contar-lhe a história dela.

CAPÍTULO IV

Começo da biblioteca

CONTES
A RIRE

CONTES
A RIRE

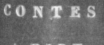

TOM. I

TOM. II

Eu comecei a frequentar os sebos de São Paulo em 1927, aos 13 anos de idade. Eu ia sozinho de bonde à "cidade", comprava livros cuja leitura me atraía, mas ainda sem qualquer preocupação de formar uma biblioteca. O que aconteceu foi que os livros foram crescendo, e alguns anos depois do início de minhas compras o conjunto começou a parecer uma biblioteca. Não sou colecionador, mas primordialmente leitor. Quando o conjunto se transformou em biblioteca, aí começaram as coleções. Lia um livro de um autor determinado, e, tendo tido prazer com a leitura, passava a ler as outras obras do autor. Isso aconteceu, por exemplo, com o Taunay, do qual já contei que li inicialmente *A retirada da Laguna* – um episódio da guerra do Paraguai – e o romance *Inocência*, passando depois a ler todas as obras desse autor. Alguns podem achar que a ênfase em Taunay foi um exagero, mas foi assim que a biblioteca foi se formando.

Aos 13 anos, li *História do Brasil*, de Frei Vicente do Salvador, um cronista do século XVII. Como o livro tinha uma longa relação de obras importantes para a história do Brasil (naquele tempo eu não sabia que isso se chamava bibliografia), escrevi para várias livrarias cariocas pedindo informações. Só me respondeu a Francisco Alves, dizendo que não tinha nenhuma delas, pois eram todas raras. Ofereceram-me, no entanto, a coleção completa da primeira edição brasileira de *História do Brasil*, do historiador inglês Robert Southey, publicada no Rio de Janeiro, em 1862, em seis volumes, por oitenta mil réis. Fiquei fascinado, mas não tinha dinheiro. Meus pais, porém, me presentearam com ela no meu aniversário. Ainda tenho esses exemplares.

Essse livros e a obra de Frei Vicente do Salvador marcaram o início de meu interesse por assuntos brasileiros, o que resultou, ao cabo de oitenta anos, em um grande conjunto de livros sobre o Brasil, que foi doado à Universidade de São Paulo.

O que provocou meu interesse por livros raros foi, por sua vez, uma obra que logo no início de minha garimpagem comprei num sebo de São Paulo: *O discurso sobre a história universal*, de um escritor francês, Jacques-Bénigne Bossuet, numa edição portuguesa de 1740. A idade do livro me fascinou e aí surgiu o hábito de procurar obras raras, que, por sua vez, formaram um importante segmento da biblioteca. Aprendi, no entanto, que a antiguidade de um livro não lhe confere necessariamente interesse ou importância. Há muitas obras modernas mais importantes do que muitos livros religiosos do século XVI, e até mesmo do século XV. Talvez valha a pena detalhar mais um pouco da formação da biblioteca e de como me apaixonei por livros antigos. Quem sabe você se contagia por essa paixão?

Comecei comprando edições correntes, modernas, dos livros que desejava ler, como aconteceu, por exemplo, com as obras de Joaquim Maria Machado de Assis, nas edições Garnier, uma firma francesa com filial no Rio de Janeiro, que editava livros de autores brasileiros. Eram edições comuns, com muitos erros, pois a revisão era feita por franceses, mas elas satisfaziam meu interesse como leitor. Acontece que, em dado momento, comecei a me perguntar como seriam as primeiras edições. Isso foi uma indagação extremamente importante, pois foi o começo de meu interesse por conhecer como eram as edições publicadas em vida do autor. Comecei a procurar as primeiras edições de autores bons, que na época ainda eram acessíveis. Não parei, entretanto, por aí.

Tendo reunido um número apreciável de primeiras edições de autores brasileiros, a nova indagação que me fiz foi se seria possível encontrar exemplares *autografados* pelos autores. Com isso, sem me dar conta, comecei a procurar exemplares que tivessem passado mais diretamente pelas mãos dos escritores, com dedicatórias. Foi um novo mundo que se abriu para mim, uma espécie de contato direto com os autores e os leitores a quem os livros eram dedicados. Foi o que aconteceu, por exemplo, com um dos cem exemplares de uma peça teatral de Machado de Assis – *Tu, só tu, puro amor* –, que tenho em casa com dedicatória a Joaquim Nabuco.

Vendo este exemplar que comprei com grande entusiasmo, por ter estado nas mãos de dois Joaquins tão ilustres, vejo que valeu a pena o esforço da garimpagem, e estou certo de que também será motivo de alegria a quem se entregar a essa paixão. *Bibliofilia* significa nada mais, nada menos que amor aos livros, que pode ter níveis diferentes de absorção e envolvimento. O meu acabei por chamar de "loucura mansa" e não me arrependo em momento algum de me ter entregado a essa paixão.

Hoje a biblioteca tem, creio eu, dois setores importantes: livros sobre o Brasil, que chamamos de "Brasiliana" e que formaram um conjunto indivisível, que seria um pecado dispersar, e que por isso foi doado, como disse, à Universidade de São Paulo; e a literatura estrangeira – os livros de cultura universal, que constituem um conjunto de unidades independentes entre si.

Devo esclarecer, no entanto, que a paixão predominante sempre foi a leitura. Desde a adolescência tinha sempre um livro comigo, aproveitando todos os momentos vagos para a leitura. Aprendi que se pode ler em qualquer lugar, como por exemplo em aulas menos interessantes... Cursei a Faculdade de Direito do Largo São Francisco, em São Paulo, de 1932 a 1936, e muitas vezes me sentava no fundo da sala, enquanto os professores liam monotonamente suas preleções, para aproveitar o tempo lendo grandes obras da literatura universal.

Ia me esquecendo de dizer que, em maio de 1930, ainda não tendo idade para entrar na Faculdade de Direito, consegui, por intermédio de meu pai, amigo de Nestor Rangel Pestana, entrar na redação d'*O Estado de S. Paulo,* antes de completar 16 anos. O tempo em que lá trabalhei teve grande importância para minha formação: aprendi a escrever em português correto, em linguagem simples e acessível a um público médio. Da redação faziam parte (ou a frequentavam) escritores importantes na época, cujos livros li, e de quem me tornei amigo, como Leo Vaz, Afonso Schmidt, Guilherme de Almeida e Antônio de Alcântara Machado. Este último morreu muito moço, mas foi autor de três livros inovadores e divertidos – *Laranja da China, Brás, Bexiga e Barra Funda* e *Pathé Baby*. Fiz grandes amizades com jornalistas mais velhos e conheci os bastidores da política e da sociedade. Posso dizer que foi nessa época que a intensidade e a profundidade das minhas leituras aumentaram.

Quando casei com Guita, que foi minha "caloura" na faculdade, tivemos quatro filhos e eu tinha de levá-los para a escola às sete horas da manhã. Aí encostava o carro embaixo de uma árvore, pois naquela época não havia assaltos nem tampouco telefones celulares, e isso me proporcionava uma hora e meia de boa leitura quase diária. Mais tarde, quando passei a ter motorista, lia sempre no carro, e um oculista me alertou para o perigo do descolamento da retina. Isso me preocupou no primeiro momento, mas logo encontrei outro oculista, que por sua vez me tranquilizou, permitindo que continuasse com meu hábito. Cheguei até a saborear congestionamentos de trânsito que me davam maior tempo para ler.

Como já disse, quando comecei a frequentar os sebos e livreiros antiquários, inicialmente aqui em São Paulo, ainda não havia propriamente a ideia de formar uma biblioteca. O que me motivava era o interesse pela leitura, que continua sendo, aliás, o fator primordial em minhas garimpagens. Em poucos anos, no entanto, não pude evitar que o volume dos livros adquiridos excedesse esse propósito inicial. E isso continuou acontecendo ao longo da vida. Alguns livros eram adquiridos para leitura imediata e outros pela ilusão de que conseguiria ler todos eles. Alguns autores remetiam a outros, várias obras foram objeto de estudo por críticos competentes, e esses estudos geraram livros que foram sendo naturalmente adquiridos, até que chegou o momento em que não pude deixar de me dar conta de que estava formando uma biblioteca. Esse se tornou, no entanto, um interesse paralelo à leitura. A formação de uma biblioteca é uma coisa muito estimulante, especialmente no caso de livros raros, em que a garimpagem proporciona alegrias e surpresas. Houve obras que procurei durante anos seguidos – isso quando comecei a me interessar por livros raros – e sempre me emocionei ao encontrá-las.

Digo sempre que, quando acontece de a gente encontrar uma obra que há muito tempo se procura, o coração bate mais forte, e o prazer de encontrá-la, ou de descobrir obras que despertam de imediato interesse, pode ser, creio eu, até maior do que o de ter o livro na biblioteca. Quase que vale mais a procura do que o encontro, você sabe?

Muitos bibliófilos se especializam em temas ou autores específicos e concentram num campo mais limitado suas garimpagens. Não foi o meu caso. Tenho interesses muito diversificados, e são variados meus campos de pesquisa e de leitura. Assim mesmo, certo planejamento na formação da biblioteca foi um imperativo para que a aquisição de obras não se transformasse numa simples acumulação de livros. Aos poucos fui estabelecendo certas vertentes principais. No caso de minha biblioteca, uma vertente importante é a de assuntos brasileiros, sejam livros de autores brasileiros ou estrangeiros. Não só literatura, mas também história, viagens, arte, ciências naturais, tudo, enfim, que tenha como objeto assuntos relacionados ao Brasil. Outras vertentes são: literatura estrangeira, arte e o livro como objeto de arte, e a tipografia, procurando reunir exemplares do que foi o livro desde o século XV até os nossos dias.

Até aqui, contei como foi o começo de minha biblioteca. E a sua, caro leitor? Como começou? E, se você ainda não tem uma, como pensa fazer quando começar a sua?

Poesia em geral é outra vertente importantíssima da biblioteca. Mas definir alguns tipos de livros como base da biblioteca não quer dizer que, quando eu encontro alguma obra que desperte meu interesse, eu deixe de adquiri-la por não se enquadrar em nenhuma das vertentes.

Como já disse, sou por natureza indisciplinado, fujo à rigidez de regras e, além disso, considero que o livro foi feito para nós e não nós para o livro. A formação de uma biblioteca é, aliás, uma história em si mesma. Depende, em primeiro lugar, de se saber o que se quer. Exige estudo e perseverança. No meu caso, fui aos poucos entrando em contato com antiquários europeus e norte-americanos, a quem pedia catálogos quando era ainda pouco mais que adolescente; e nesses catálogos que me enviavam, provavelmente pensando que se tratasse de um bibliófilo já adulto num país exótico (cheguei a receber obras endereçadas para o Brasil, capital: Buenos Aires), aprendi muita coisa sem que na época adquirisse quaisquer das obras, pois os preços normalmente estavam muito além de meu alcance. Os antiquários publicavam, como catálogos, verdadeiras obras de referência com informações sobre os livros, que acabaram criando em mim uma familiaridade com o tema.

Em 1934, quando cursava a Faculdade de Direito, fui convidado para ir à Europa, como representante da universidade, na viagem inaugural do navio-escola da marinha brasileira, *Almirante Saldanha*, que estava tendo sua construção concluída em Barrow-in-Furness, na fronteira da Escócia com a Inglaterra. Isso para mim, em matéria de bibliofilia, foi providencial, pois me permitiu contato pessoal com grandes livreiros de Londres, Paris, Lisboa e Madri. Esses contatos foram se ampliando em novas viagens a partir de 1946 e se transformaram em amizades pessoais, que fizeram com que os próprios livreiros me escrevessem oferecendo obras que achavam que iriam me interessar.

É um processo que continua até hoje, e que foi essencial para o estabelecimento de confiança recíproca. Os bons livreiros em geral não gostam de vender os melhores livros a qualquer um, preferem que os livros parem nas mãos de amantes de livros que considerem autênticos e conhecedores, e acabei, modéstia à parte, sendo incluído nessa categoria.

Um bom exemplo foi um telegrama que recebi de um antiquário amigo, de Amsterdã, oferecendo-me uma obra raríssima, a primeira edição da *Arte da Gramática da Língua Geral*, de José de Anchieta, publicada em Coimbra, em 1595, de que se conhecem apenas pouco mais de dez exemplares. Minha resposta foi noutro telegrama, em que eu dizia que "infelizmente não podia recusar". Dias depois o livro estava em casa. Trata-se de um trabalho extraordinário, que já foi reimpresso muitas vezes, mas a primeira edição tem uma atração especial: quem sabe se o volume da biblioteca não teria passado pelas mãos do próprio José de Anchieta?

A garimpagem me proporcionou oportunidades excepcionais, e no campo de livros sobre assuntos brasileiros acabei formando, como disse há pouco, com Guita, minha mulher, em todas estas décadas, um conjunto apreciável de obras raras. Foi isso que nos levou, assim como nossos filhos, a decidir que esse conjunto se transformasse em bem público, a ser por nós doado à Universidade de São Paulo, que está construindo um edifício para recebê-lo. A gente passa e os livros ficam, de sorte que acabamos por nos considerar mais *depositários* da biblioteca do que seus proprietários, e a continuidade, conservação e crescimento dela foram se tornando nossos objetivos.

CAPÍTULO V

Garimpagem

As aventuras da formação de nossa biblioteca, ao longo de muitos anos, foram incontáveis e dariam por si só uma longa história. Uma livraria centenária de Londres, a Maggs Brothers, por exemplo, tinha publicado em 1930 um catálogo muito ilustrado e informativo de livros raros sobre o Brasil, que se tornou uma obra de referência bibliográfica e atiçou o interesse dos colecionadores. Visitei-a em 1934 sem poder adquirir qualquer obra. Nessa minha primeira visita aconteceu uma coisa que me deu, desde logo, ideia da importância da livraria. Os clientes eram recebidos numa sala junto à entrada, e no dia em que a visitei coloquei inadvertidamente meu sobretudo numa mesa no canto da sala, pois não havia cabides. Logo que pus o sobretudo nessa mesa, no entanto, vi uma pequena placa de prata com os seguintes dizeres: *Nesta mesa Charles Dickens escreveu* David Copperfield. Não preciso dizer que imediatamente peguei e carreguei o meu sobretudo...

É verdade que, depois de minha visita em 1934, estive em Londres novamente em 1946, pois estava envolvido na criação de uma livraria de obras raras que um amigo bibliófilo tinha sugerido que formássemos. Trouxe também a notícia de que um primo dele estava disposto a fornecer o capital necessário, o que tornou a ideia menos inviável. Expus o plano à Maggs, e eles foram buscar uns duzentos livros para ver se algum me interessava. Naquela época, os clientes eram recebidos na sala de que falei acima, pois não era facultado o acesso ao acervo. Examinei os livros e disse que nenhum deles era de meu interesse. Vieram mais duzentos e escolhi uns dois ou três. Na terceira vez, aconteceu a mesma coisa com outros duzentos. E aí fui surpreendido com a declaração de um dos diretores, John Maggs, que achava melhor eu mesmo percorrer as estantes. A inspeção de livros na sala de recepção, pelo jeito, era um teste, e foi nessa ocasião que nossa amizade se formou.

Nos anos 1950, numa das vezes em que voltei à Inglaterra, uma boa parte das obras constantes do catálogo da Maggs ainda estava disponível. É que, nos anos 1930, os proprietários, com receio da guerra que se avizinhava, enviaram para o interior do país a parte maior de seu acervo, colocando-a ao abrigo de possíveis bombardeios, que acabaram por acontecer. Só nos anos 1950 esses livros voltaram para Londres em novo prédio, pois o prédio original tinha sido efetivamente bombardeado, e foi justamente nessa ocasião que tive a oportunidade de voltar a Londres e me ver inesperadamente nessa livraria em meio a numerosas preciosidades, algumas das quais tive a possibilidade de adquirir. Nesse momento eu já tinha estabelecido uma amizade pessoal com os proprietários e isso representa hoje uma das mais agradáveis lembranças de minhas garimpagens. Iria longe se fosse detalhar aventuras.

O mundo dos bibliófilos é de grande interesse. O amor aos livros aproxima as pessoas e forma sólidas amizades, o que não impede, no entanto, rivalidades também sólidas mas amistosas quando dois bibliófilos se deparam com obras de interesse comum. O mundo da bibliofilia, no entanto, é uma fauna em que geralmente existe respeito mútuo, e os conflitos se resolvem de forma civilizada e cortês.

Já que estou falando de garimpagem, creio que seriam indicadas algumas recomendações.

As duas primeiras já mencionei: saber o que se quer reunir, e estudar e ter paciência. Não se pode comprar atabalhoadamente, e é muito importante, a meu ver, que se tenha certeza de que a obra a ser adquirida esteja completa, com todas as páginas e todas as eventuais ilustrações. Sempre procurei só comprar obras em bom estado, salvo ao se tratar de obra muito rara, caso em que pode ser admissível aceitar um exemplar menos satisfatório na esperança de conseguir substituí-lo em algum momento por um exemplar completo e perfeito.

Isso me leva a falar da conservação do livro. Naturalmente, na conservação da biblioteca, no correr dos anos, foram surgindo problemas de deterioração das encadernações por força da poluição e, em alguns casos em que a existência do "bicho" não foi percebida, o próprio livro começou a sofrer danos. Minha mulher, nos anos 1960, tinha começado a estudar encadernação, e resolveu estudar as técnicas de conservação e restauro. Isso a levou a frequentar cursos na Espanha, na Inglaterra e na Alemanha, e depois a formar, com uma amiga, Thereza Brandão

Teixeira, uma associação que veio a se chamar Associação Brasileira de Encadernação e Restauro – ABER. A ABER, que ainda existe, promoveu durante os primeiros dez ou quinze anos cursos de formação de técnicos de nível médio em conjunto com o Senai, e com isso surgiram em nosso meio mais de duzentos técnicos que vêm prestando grandes serviços à conservação do patrimônio nacional.

Outro problema importante é o preço a pagar. Se o livreiro pede um preço exagerado e eu digo que acho excessivo, acontece muitas vezes que o livreiro faça um grande desconto. Mas nesse caso eu geralmente não compro, porque, se o livreiro podia vender pelo novo preço, não deveria ter exagerado de início, não é mesmo? Acontece com frequência, naturalmente, que o preço seja alto, e nesse caso, se o considerar fora de meu alcance, não gosto de pechinchar. Digo ao livreiro que vivi até esse momento muito bem sem o livro e posso continuar sem ele sem perder o sono. É o que eu chamo de não ser escravo do livro.

Em matéria de preço, no entanto, acontece às vezes que o livreiro seja inflexível, e que se trate de um livro irrecusável apesar do preço alto. O que faço nessas ocasiões para tranquilizar meu espírito em relação à extravagância, que, aliás, sempre foi encorajada por Guita, minha mulher, é lembrar de dois ou três livros que tenha adquirido por preço muito baixo, adicionar o preço pago por eles ao que teria sido pedido, e tirar a média de todos, o que reduz a extravagância a uma proporção sensata.

E uma última "dica", baseada em minha experiência: quando comecei a frequentar os sebos não tinha dinheiro disponível, uma vez que não queria pedir recursos a meu pai para comprar livros que não fossem de estudo. É uma história possivelmente conhecida de muitos leitores, mas provavelmente desconhecida por muitos outros. Parece-me interessante contá-la para explicar como é que eu conseguia comprar livros nos sebos sem dispor de dinheiro. O que surgiu para mim como solução foi, nas minhas visitas diárias aos sebos, descobrir que nenhum deles sabia o que os outros sebos vendiam. E logo constatei que um vendia por 5 ou 10 mil réis o que outro vendia por 30 e até 50 mil réis. Por sua vez, este também vendia barato o que o primeiro vendia bem mais caro. Resolvi pedir ajuda a meu pai para iniciar uma nova estratégia. Com um pequeno capital inicial, comprava um livro no primeiro sebo, levava para o outro dizendo que queria deixá-lo em consignação e que não queria dinheiro: retiraria o saldo a meu favor em livros. Com isso fui formando, em pouco tempo, crédito nos vários sebos e consegui, durante alguns anos, comprar os livros que desejava adquirir sem qualquer desembolso. Quando esse manancial secou, eu já tinha começado a advogar e meus problemas eram menos prementes...

CAPÍTULO VI

Leituras variadas

PETRARCA

MICER
LUIS

ITINERARIO

O reino encantado em que estão reunidas todas as minhas leituras nestas pouco mais de oito décadas não foi apenas uma ilusão da infância. Nele vivi e vivo boa parte de minha vida. Diria até a parte mais importante, pois ele se entrelaçou de tal forma com nossa vida familiar que se tornou parte dela. Nossos filhos, netos e agora mais recentemente bisnetos cresceram em companhia de livros e são grandes leitores. Mas vejo que estou fazendo digressões. Vou tentar voltar ao rumo certo e penetrar efetivamente no campo da leitura.

Um esclarecimento preliminar é necessário, no entanto. Não só minha preferência sempre foi a leitura literária, como aliás somente a ela era previsto que este livro seria dedicado. Mas como se viu, referências a obras não literárias que foram importantes na minha vida de leitor entraram de contrabando nesta narrativa. A literatura já não é um mundo pequeno, e posso imaginar que outras pessoas com paixão parecida com a minha dediquem sua vida, por exemplo, a leituras históricas ou científicas, ou outras quaisquer, o que é uma das características benéficas da leitura em geral. Fiquemos, pois, com a literatura, nela incluindo ensaios e crônicas, gêneros muito atraentes.

Vivo sendo indagado sobre os grandes livros que marcaram minha vida. Já me detenho na primeira parte da questão: a noção de "grandes livros". Diria desde logo que não há critérios rígidos para determinar se uma obra pode ou não ser classificada de *grande*. Normalmente creio que – não só para mim – grandes livros, literários ou não, são os que foram escritos no passado, agradaram, empolgaram e sobreviveram ao tempo, como, por exemplo, os de Homero ou Platão e outros autores gregos e latinos, e até os *Ensaios*, de Montaigne, as peças e sonetos de Shakespeare, ou *As mil e uma noites*. Como leitor voraz e constante, chego a classificar de "grandes livros" até alguns modernos, como, por exemplo, *Em busca do tempo perdido*, de Proust, ou ainda *Grande sertão: veredas*, de

João Guimarães Rosa, ou *A servidão humana*, de Somerset Maugham, que não são tão antigos, e que, não tenho dúvida, serão leitura permanente através dos tempos.

E você, caro leitor, o que acha? Quais são os seus grandes livros?

Algumas obras me marcaram mais profundamente, ajudaram a formar minha concepção de vida e a definir o modo como a conduzi no que dependeu de mim. Outras obras que saboreei quando li me entretiveram e divertiram, como por exemplo, *Aventuras do Barão de Münchhausen*, que foi o rei da mentira.

A primeira que encontro na memória como tendo marcado minha vida – e que, curiosamente, apesar de minha preferência por obras de ficção, biografias, história, ou crítica literária, não se enquadra em qualquer dessas categorias – é a obra de Montaigne. Seus *Ensaios*, publicados pela primeira vez em 1580, e de que temos na biblioteca aqui de casa a primeira edição completa, de 1588 (que inclui pela primeira vez o terceiro livro), é uma lição de vida, e único em seu gênero e suas características. Montaigne, importante personagem de seu tempo, prefeito da cidade francesa de Bordeaux e próximo da Corte, isolou-se nos últimos anos da vida numa torre de seu castelo, no sul da França, para escrever seu livro, que é uma descrição de si mesmo e uma aguda reflexão sobre muitos aspectos da vida humana e dos acontecimentos de seu tempo. Vai desde o que ele pensa sobre educação, leitura, amizade ou mulheres até seu interesse pelos índios brasileiros, o que mostra que a literatura universal não está assim tão longe de nós. Li os *Ensaios* pela primeira vez quando cursava a Faculdade de Direito, sentado no fundo da sala, e depois ele foi objeto de várias releituras.

A releitura é, aliás, um dos meus critérios para classificar de grandes ou bons não só os livros de que acabei de falar, como outros que foram por mim relidos uma ou mais vezes. Por exemplo, *Dom Quixote de La Mancha*, de Miguel de Cervantes. O primeiro dos livros de cavalaria, com as aventuras mais extraordinárias e extravagantes, que, publicado em 1605, continua sendo até hoje um dos mais procurados livros de ficção.

Meus filhos cresceram ouvindo-me falar de Montaigne. Extraí dele o lema "eu não faço nada sem alegria", e minha filha Diana, sabendo disso, me fez uma bela surpresa: criou para os livros da biblioteca um *ex-libris* com a frase de Montaigne. O que é um *ex-libris*? É uma espécie de selo, às vezes decorado, marcando a propriedade da obra sempre com uma frase. Como a de Montaigne, que adotei como atitude na vida, embora não seja possível segui-la sempre à risca.

As edições dos *Ensaios* são numerosas até os nossos dias. Existem boas traduções brasileiras, como uma de Sérgio Milliet (Editora Globo, 1961), outra de J.P.M. de Toledo Malta (José Olympio, 1961) e ainda uma de Rosemary Costhek Abílio (Editora Martins Fontes, 2000). A leitura dos *Ensaios*, mesmo que seja apenas parcial, é certamente uma das fontes de conhecimento e de prazer de que venho falando neste livro.

Vamos a uma outra: as peças de Shakespeare, um dos monumentos da literatura universal. William Shakespeare, autor inglês que viveu de 1564 a 1616, escreveu poesia e peças teatrais, que se dividem em históricas, dramáticas, comédias e sátiras, e é provavelmente um dos autores mais lidos e traduzidos no mundo. Mesmo quem não o leu ouviu falar de *Romeu e Julieta*, *Hamlet*, *Macbeth*, *Sonho de uma noite de verão* ou *A tempestade.* Você, caro leitor, se ainda não penetrou no mundo dos livros, provavelmente já ouviu ou usou a expressão "ser ou não ser", não é mesmo? Pois ela vem de *Hamlet*, uma das peças mais famosas de Shakespeare.

Também não se pode deixar de mencionar *Os Lusíadas*, de Luís de Camões, que até hoje constitui o monumento da língua portuguesa. Tive a sorte de não ter estudado no ginásio análise lógica da obra de Camões, que afugentou muitos estudantes, e pude assim apreciar, posteriormente, a grande beleza do livro.

Vamos passar agora para uma obra bem diferente. *As mil e uma noites* é para mim uma das grandes obras da literatura universal. Glória do mundo árabe, não tem autoria conhecida, mas conquistou o Ocidente através de várias traduções. É um extraordinário e fascinante conjunto de histórias, que vão se entrelaçando. Sua origem no próprio livro é também uma história, de um sultão que, traído pela esposa, matou-a e resolveu que passaria cada noite com uma jovem diferente de seu reino, que deveria lhe contar histórias durante a noite e morreria ao raiar do sol. Chegou a vez de Sherazade, filha do seu grão-vizir, que aceitou o desafio de boa vontade, pois havia engendrado histórias que não terminavam ao fim da noite e, inacabadas, deveriam continuar na noite seguinte, em que outra vez começava uma história, que só terminaria na outra noite.

Com isso salvou sua vida, pois o sultão foi se apaixonando pelos enredos e, ao fim, pela própria narradora.

A obra é de uma incrível criatividade, e abrange quase todos os temas imagináveis: aventura, intrigas amorosas, os mais diversos ambientes, de riquezas e banditismo, viagens como as de Sinbad, o Marujo, cheias de perigos, e até surpreendentes narrativas como a de Ali-babá e os quarenta ladrões, ou a da lâmpada maravilhosa habitada por um gênio que satisfazia todos os desejos de seu possuidor. Eu já conhecia algumas destas histórias desde criança. Li a de Sinbad em livrinhos publicados pela Companhia Melhoramentos de São Paulo. Livrinhos pequenos, baratos, que me encantaram muito.

Agora passo para uma criação inteiramente oposta, que mostra como podem ser variados os temas da obra literária. Dostoiévski, por exemplo. Menciono apenas dois livros do autor, embora outras obras – *Os irmãos Karamazov*, *Recordações da casa dos mortos* – sejam grandes atrações para os leitores. Quero destacar *Crime e castigo*, que é uma verdadeira revelação dos motivos que podem provocar a ação criminosa e dos efeitos que a confissão e a expiação tiveram no personagem. A outra obra, *O idiota*, é a única de Dostoiévski, segundo creio, que é permeada de humor.

Já que comecei a tratar da literatura russa, que é de extraordinária riqueza, não posso deixar de mencionar Tolstói e Tchekhov. De Tolstói, entre muitos outros, dois romances fundamentais da literatura universal são *Guerra e paz* e *Anna Karenina*.

Guerra e Paz é um livro difícil de resumir, mas que tranquilamente indico aos possíveis leitores como leitura fascinante. Como seu título indica, a história trata em paralelo da invasão napoleônica e do drama pessoal de personagens da Corte russa. A descrição da guerra em que Napoleão acaba sendo derrotado pela valentia russa e pelo rigor do inverno é realmente empolgante. A maneira como as batalhas são descritas dá ao leitor a sensação não só de estar assistindo a um espetáculo tenebroso, como de estar quase participando dele. Já na parte da paz, embora tratando de conflitos amorosos dramáticos, o quadro é também fascinante. O mesmo acontece com *Anna Karenina*, com uma excelente descrição dos costumes da nobreza russa, que emolduram a narração de uma paixão avassaladora.

Tchekhov por sua vez é um ótimo romancista, autor de peças teatrais e contista inexcedível. *O jardim das cerejeiras* ainda hoje é muito representado. E Tchekhov tem na literatura brasileira um autor que dele se aproxima: o nosso Machado de Assis, que além de romancista e grande contista também escrevia crônicas na imprensa.

Ainda tenho de destacar algumas obras que considero fundamentais na minha vida de leitor. Leitor indisciplinado, porém apaixonado. Logo de começo encontro as obras que mencionei há pouco, e que, independentemente de serem ou não grandes livros, são a minha velha preferência. Não me parece importante assinalar o grau de eminência de cada obra no mundo literário. O que posso dizer é que as li com prazer e mais tarde repeti a leitura. O que traz à tona uma questão curiosa – algumas releituras confirmam e ampliam o prazer da primeira leitura, como aconteceu (e continua acontecendo) com *Em busca do tempo perdido*, de Proust, ou *Memórias póstumas de Brás Cubas* e outras obras de Machado de Assis, ou ainda *Grande sertão: veredas*, de Guimarães Rosa. Já em outros casos a releitura provoca decepção e estranheza de haver gostado da obra na primeira leitura. É aquela pergunta que a gente não sabe responder:

mudaram os livros ou mudei eu? Estes três autores – Machado de Assis, Guimarães Rosa e Marcel Proust – são os que eu levaria comigo se tivesse de ir definitivamente para uma ilha deserta. Estou certo de que não sentiria solidão, mas não deixaria, é claro, de ter saudade de muitas outras obras que já mencionei ou que vou mencionar.

E você, caro leitor, que obras levaria para uma ilha deserta? E levando-as, de que outras sentiria saudades?

A propósito de Proust, parece-me importante salientar que quem não lê *Em busca do tempo perdido* está perdendo uma contribuição valiosa para sua formação e conhecimento da natureza humana. Ele conseguiu realizar numa vida curta e atribulada, pois morreu aos 52 anos, uma exposição extraordinária dos caráteres humanos, bons e maus, todos muito reais.

Na literatura francesa só vejo como comparável à dele a obra de Balzac, *A comédia humana*, que, mais que um bosquejo da natureza do homem, descreve a sociedade francesa de seu tempo de uma forma quase completa e, em muitos casos – como o do funcionalismo público –, a descrição é válida até os dias de hoje. Proust e Balzac se completam. Proust parece embutir um microscópio dentro dos indivíduos, indo até o fundo em suas observações. Balzac tem em sua obra um quadro muito mais amplo, mas de natureza distinta. São mais de dois mil personagens que aparecem nos cerca de noventa romances que compõem a *A comédia humana*, ora como figuras de proa, ora como pano de fundo. Também ele morreu relativamente moço, sem a gente compreender como conseguiu produzir tanto. Escrevia apressadamente e vivia corrigindo provas de seus textos. Vi numa ocasião na Biblioteca do Texas uma obra manuscrita com três ou quatro provas, cada uma não só corrigindo, como mudando profundamente o texto.

Minha preferência em Balzac recai sobre o *Pai Goriot*, *Ilusões perdidas* e *Esplendor e miséria de uma cortesã*. Goriot é descrito como um pai extremoso de duas filhas, a quem transfere todo o seu patrimônio na esperança de ser na velhice cuidado por elas. Mas isso não acontece. Elas o abandonam e ele morre na miséria. O enredo foi evidentemente inspirado pela peça *Rei Lear*, de Shakespeare, em que o personagem foi relegado por suas duas filhas, mas na peça de Shakespeare há uma terceira filha, Cordélia, que o ampara na velhice, o que não acontece em *Pai Goriot*. É surpreendente ver como Balzac, que não teve filhos, conseguiu descrever com tanta fidelidade as relações com estes e detalhar frustrações e sentimentos. A escolha das três obras foi naturalmente arbitrária, pois há muitos outros romances excelentes na obra de Balzac.

Tive oportunidade rara de ler, durante um ano, toda a *Comédia humana*. Foi no final de 1950 e grande parte de 1951. A empresa Metal Leve – da qual fui sócio – tinha sido fundada em março de 1950, começando a funcionar em outubro, e eu tive de frequentar repetidas vezes repartições públicas no Rio de Janeiro (naquela época, capital do Brasil) para atender a questões burocráticas e legais. A burocracia era grande, e eu tinha de esperar às vezes horas para ser atendido, mas aproveitei esse aparente inconveniente para ler a obra de Balzac. Cheguei até a ficar aborrecido em alguns momentos quando era chamado, por interromper um momento fascinante da leitura...

São muitos os autores franceses de que ainda gostaria de falar, mesmo deixando de lado no século XVII Molière, Racine ou Corneille, e na realidade é uma injustiça ignorá--los. Todos os três chegaram até nós com suas peças teatrais e poemas, e a Molière, especialmente, deve muito o teatro moderno. Mas, em vez de comentá-los, vou me deter ainda um instante no século XVII, quando surge o primeiro romance francês, *A princesa de Clèves*, de Madame de La Fayette. Trata-se de uma escritora que narra a grande paixão de uma mulher casada que, no entanto, mantém sua fidelidade ao casamento até depois da viuvez.

No século XVIII, temos Voltaire, autor de imensa obra filosófica e enciclopédica, mas nesse terreno não vou entrar. Seus contos e romances são de leitura gostosa e divertida. O romance *Cândido* é uma sátira do otimismo sem crítica: para Cândido, tudo vai bem "no melhor dos mundos". É o tipo de personagem que logo lembra ao leitor uma porção de gente que ele conhece na vida real.

Voltaire teve uma vida cheia de contrariedades políticas, pois seu espírito rebelde chocava os poderes constituídos. Costumava dizer que discordava de muitas ideias polêmicas em voga, mas que defenderia intransigentemente o direito de seus autores de proferi-las. Há outros autores no século XVIII que formam o grupo dos iluministas.

Montesquieu foi autor, entre outras obras essenciais, de *O espírito das leis*. Também, anonimamente, escreveu *As cartas persas*, uma sátira magnífica da sociedade francesa através dos comentários de um viajante fictício que percorreu a França no século XVIII. Até hoje não se pode conhecer o espírito que precedeu a Revolução Francesa sem falar de Montesquieu e Diderot.

Diderot escreveu muita coisa, mas destacaria três romances: *A religiosa*, *Jacques, o fatalista* e *As joias indiscretas*. Menciono ainda Pierre Choderlos de Laclos, com seu livro *As ligações perigosas*, uma crítica da dissolução de costumes da nobreza que também explica, entre muitas outras coisas, o surgimento da Revolução Francesa.

Mudando de país, porém ainda no século XVIII, lembro-me de quatro autores ingleses, dos quais até hoje gosto, e que continuam muito populares. O primeiro é Daniel Defoe, autor de *Robinson Crusoé*, livro de infância de todos nós, que, além do interesse da própria aventura do protagonista numa ilha deserta com seu assistente, Sexta-Feira, tem a particularidade de mencionar sua presença no Brasil. Outro é Jonathan Swift, autor de *As viagens de Gulliver*, que também me acompanha desde a infância: história do personagem-título, que aparece como gigante junto aos anões, e como anão junto aos gigantes, em que a natureza humana é magnificamente satirizada.

Laurence Sterne é o terceiro desse grupo. Autor do romance *Tristram Shandy*, escreveu outro livro bem mais curto, *Viagem sentimental*, que se tornou, desde a primeira leitura, um de meus livros favoritos pelo admirável estilo literário inovador, levado à extrema simplicidade, e com isso a uma leitura sempre agradável, que influenciou Machado de Assis em seu grande senso de humor. E finalmente Henry Fielding, que entre muitas obras escreveu o romance *Tom Jones*, também uma sátira de costumes. Todos eles são autores de obras especialmente ousadas.

Vamos agora dar um passeio pelo século XIX.

Já que eu estava falando dos ingleses, embora seja considerável o número de romances que li, tenho de lembrar Walter Scott, cujos romances históricos povoaram minha adolescência e mocidade. Charles Dickens é outro autor de numerosos romances que nunca esqueci, como *David Copperfield*, *Oliver Twist* e *Grandes expectativas*.

Nesse século XIX, temos os franceses, como Stendhal (pseudônimo de Henri Beyle), autor de *O vermelho e o negro* e *A cartucha de Parma*; Prosper Merimée, autor de *Teatro de Clara Gazul*, com uma personagem que também entrou nas minhas preferências; e Gustave Flaubert, que, com *Madame Bovary* e *Educação sentimental*, reinou na cena literária na segunda metade do século. Mas muitos outros terão de ficar para outra conversa.

Já é mais do que tempo de chegarmos à nossa língua: ainda no século XIX, não pode ser esquecido o português Eça de Queiroz, cujas obras, como *Os Maias* e *O primo Basílio*, entre outras, ainda hoje são muito lidas e apreciadas, tendo suas histórias, inclusive, migrado das páginas dos livros para telas de cinema e de TV, o que atesta a atualidade delas. Em outra obra de Eça de Queiroz, *A cidade e as serras*, o personagem Jacinto retrata o grande autor brasileiro Eduardo Prado, de quem também gosto muito.

E já que estamos em nossa língua, vamos chegar à nossa literatura, retornando ao velho Machado de Assis, que ficou lá atrás, em companhia de Sterne. Machado é um grande escritor, romancista maior. Seus romances, sobretudo os mais tardios, *Quincas Borba*, *Dom Casmurro* e *Memorial de Aires*, são atração permanente e leitura sempre renovada. Além disso, como já disse anteriormente, ele foi um grande contista. E, já que falei dos meus três companheiros possíveis numa ilha deserta, tenho de fazer referência ao terceiro, o nosso excepcional Guimarães Rosa.

Conheci-o pessoalmente em Paris, em 1946, mas naquela ocasião ele não me deu a menor indicação de que fosse escritor, e eu fiquei impressionado apenas por sua simpatia e sua boa prosa. A outra face genial – do autor de *Sagarana*, *Corpo de baile* e *Grande sertão: veredas* – só vim a conhecer dez anos mais tarde. Perdi, mas recuperei, um tempo precioso. E hoje, como disse, é uma leitura constante.

Houve de minha parte, no século XIX – retornando por uns instantinhos à Europa – um quase esquecimento. Refiro-me a Alexandre Dumas, pai, contra quem existe um certo preconceito dos eruditos, que o consideram, de certo modo, um escritor secundário. Eu creio, no entanto, que *Os três mosqueteiros*, *Vinte anos depois* e *O conde de Monte Cristo* não têm nada de secundário. A popularidade de Dumas é ainda hoje intensa, e eu fico muito surpreso comigo mesmo de só ter lido essas obras aos sessenta anos. Não me lembro a razão de não ter seguido o interesse da mocidade. Quando li, tinha assumido, em 1975, a Secretaria da Cultura, Ciência e Tecnologia de São Paulo, e provocou surpresa a um repórter minha resposta de que estava lendo *O conde de Monte Cristo*. O jornalista reagiu de forma indignada: Como é que o senhor está lendo uma obra secundária? Dá para ver o que o preconceito pode causar de mau, não é mesmo? Ainda bem que também aos sessenta anos comecei a ler, de Victor Hugo, *Os miseráveis* e outra obra apaixonante, *Nossa Senhora de Paris*.

Mas ainda na Europa, duas preferências têm de ser mencionadas: Primeiro, Bernard Shaw, cujas peças teatrais são ótimas. Mas ainda melhores, a meu ver, são os prefácios às peças, em que toda a sua erudição e humor aparecem. E também Virginia Woolf, em cuja obra, toda fascinante, destaco *Orlando* e *Mrs. Dalloway*.

Também na Europa, mas em nossa língua, minha grande descoberta foi José Saramago, de quem tenho o privilégio de ter me tornado amigo e de quem li em primeiro lugar e apaixonadamente *Memorial do convento*, uma fascinante história da construção do Convento de Mafra, da Passarola e da Inquisição. Depois disso li toda a sua obra, em que destacaria *O Evangelho segundo Jesus Cristo*, que obviamente provocou muita polêmica. Saramago recebeu merecidamente o Prêmio Nobel, e os destaques que fiz são arbitrários, pois gosto de todas as suas obras.

Trago também para esta conversa o tema da poesia tanto brasileira como estrangeira, paisagem nova nesta viagem que estou fazendo, de forma apressada, mas cujos livros – como já disse – têm lugar nobre na biblioteca.

Não faltam bons poetas na tradição brasileira. Gostava em minha mocidade de decorar os poetas mineiros, especialmente Tomás Antônio Gonzaga. *Marília de Dirceu* é imortal. Cheguei uma vez a começar a escrever um romance (que, felizmente para os leitores, não continuei) em que Maria Doroteia Joaquina de Seixas, a personagem retratada em Marília, reclamava das atividades políticas de seu noivo, achando que elas só poderiam trazer desgraças. A moça tinha razão: o que ela previa (no meu romance inacabado) de fato aconteceu com Tomás Antônio Gonzaga, desterrado e com o noivado rompido. Mas, se interrompi o romance, de uma outra forma continuei ligado aos apaixonados: nas minhas garimpagens encontrei um processo judicial em que Gonzaga funcionou como desembargador, com numerosos despachos assinados por ele. E encontrei também uma procuração de Maria Doroteia Joaquina de Seixas. Reuni esses documentos, procurando simbolicamente reunir os enamorados que a vida separou.

Os versos de *Marília de Dirceu* são encantadores, e a poesia de Gonzaga, além de ter sido traduzida para o francês numa edição de 1825, chegou a ser traduzida para o russo pelo escritor Alexandre Pushkin com base na tradução francesa. Deve ter representado uma glória para o Brasil.

Passando para o século XIX, eu daria ênfase especial a Gonçalves Dias, poeta maranhense, que foi o primeiro a escrever poemas indianistas como *I-Juca-Pirama*. Foi autor dos ultradeclamados versos: "Minha terra tem palmeiras onde canta o sabiá / as aves que aqui gorjeiam / não gorjeiam como lá", etc. etc. Os versos ganham especial sabor quando sabemos que foram escritos enquanto o poeta estava em Portugal.

Não posso deixar de mencionar, evidentemente, Castro Alves e Álvares de Azevedo. Cheguei a saber de cor várias obras de Castro Alves, como *O navio negreiro*, que teve um papel importante no clamor pela abolição da escravidão. E Álvares de Azevedo, quase um menino quando chegou a São Paulo, foi autor de poemas que misturam o desespero mais profundo com a ironia. Tenho certeza de que as posições face à vida que ele exprime são ainda bastante atuais e encontram eco em leitores de hoje. Li muito também os parnasianos do final do século XIX, dentre os quais Olavo Bilac e Vicente de Carvalho se destacam. Dá vontade, mas é impraticável, citar muitos versos de cada um deles. Mas ao menos para revelar-lhes o talento, mencionaria de Bilac "A tentação de Xenócrates", e de Vicente de Carvalho "Palavras ao mar" e "O pequenino morto", de que, aliás, temos na biblioteca o original autógrafo.

Também sou leitor assíduo e apaixonado de muitos modernistas do século XX. Dentre estes que imagino povoando um paraíso de poetas, tive ideia de criar uma santíssima trindade integrada por Manuel Bandeira, Carlos Drummond de Andrade e Cecília Meireles. Manuel Bandeira, pernambucano que me encanta com a sonoridade refinada (porque disfarçada) de seus poemas. Você, com certeza, já ouviu alguém citar seu antológico "Vou-me embora para Pasárgada", não é mesmo?

Descendo de Pernambuco para Minas Gerais, lá está Carlos Drummond de Andrade, que veio da cidade de Itabira. Foi ele quem criou o verso de que tantas vezes me apropriei para expressar perplexidade: "E agora, José?"

Já em Cecília Meireles, a musicalidade e a leve melancolia em que seus poemas mergulham o leitor sempre me fascinaram. Como não gostar de uma poeta (ela não gostava do feminino "poetisa") que, em um poema intitulado

"Retrato", escreve: "Eu não tinha este rosto de hoje, /assim calmo, assim triste, assim magro, / nem estes olhos tão vazios, /nem o lábio amargo."

Uma frustração minha é não ter conhecido Cecília Meireles, e só ter conhecido superficialmente Manuel Bandeira. Mas em compensação fui bom amigo de Drummond. Esse paraíso de poetas é habitado por muitos outros, que poderiam compor outras trindades, como, por exemplo, João Cabral de Melo Neto, Mario Quintana e Emílio Moura.

João Cabral, pernambucano como Bandeira, é poeta rigoroso, enxuto. Um de seus poemas inspirou a bela montagem de *Morte e vida severina*. Já Mario Quintana, poeta gaúcho, sempre me surpreendeu com sua sensibilidade para o cotidiano, de onde tira versos que unem elementos prosaicos e líricos, como quando recomenda "Se tu me amas, ama-me baixinho / não o grites por cima dos telhados". Não é mesmo o que a gente às vezes tem vontade de dizer quando está apaixonado?

Já em Emílio Moura, mineiro como Drummond, de quem, aliás, fui grande amigo, encontro o poeta que conta, de forma muito bela, o desencontro amoroso, a ausência da amada, como registra de forma comovente nos versos "Quem és tu que se esvais, trêmula, trêmula / diante do amor que neste amor te invento".

Adélia Prado e Manoel de Barros, poetas contemporâneos, são também meus companheiros ao longo de muitas horas de leitura. Com eles compartilho experiências do cotidiano feminino como as que inspiram Adélia Prado, e percorro as incríveis paisagens do Brasil central por onde viaja a poesia e a linguagem de Manoel de Barros.

Como vocês estão vendo, sou, até hoje, um apaixonado pela poesia. Sei poemas e pedaços de poemas de cor e, além da brasileira, poesias de outros países me acompanham sempre, como *As flores do mal*, de Charles Baudelaire, os sonetos de Ronsard (de que sei de cor o "Soneto para Helena"), os de Camões, de Arthur Rimbaud, de Paul Verlaine e de Paul Éluard. Há um soneto imortal de um poeta do século XIX, Félix Arvers, que hoje é pouco lembrado no Brasil, exceto por ter sido traduzido por D. Pedro II. Vou tentar retraduzi-lo como homenagem a um autor que me proporcionou tantos momentos de prazer.

Minha alma tem um segredo, minha vida um mistério:
Um amor imortal nascido num momento.
O mal é sem remédio, devo, pois, ocultá-lo,
E aquela que o causou, nunca soube de nada.

Terei passado a vida perto dela,
Sempre ao seu lado, e sempre solitário,
E irei até o fim de minha vida,
Sem nada pedir e sem nada receber.

Quanto a ela, embora Deus a tenha feito doce e terna,
Segue seu caminho, distraída, e sem ouvir
Este murmúrio de amor que se eleva a seus pés;

Piamente fiel ao austero dever,
Lendo esses versos e se maravilhando, perguntar-se-á:
"Quem então será essa mulher?", e não perceberá.

Segredo d'alma, da existência arcano,
Eterno amor num instante concebido,
Mal sem esperança, oculto a ente humano,
E nunca de quem fê-lo conhecido.

Ai! Perto dela desapercebido
Sempre a seu lado, e só, cruel engano,
Na terra gastarei meu ser insano
Nada ousando pedir e havendo tido!

Se Deus a fez tão doce e carinhosa,
Contudo anda inatenta e descuidosa
Do murmúrio de amor que a tem seguido.

Piamente ao cru dever sempre fiel
Dirá lendo a poesia, seu painel:
"Que mulher é?" sem tê-lo compreendido.

(tradução de D. Pedro II)

O original:

Sonnet d'Arvers

Mon âme a son secret, ma vie a son mystère:
Un amour éternel en un moment conçu.
Le mal est sans espoir, aussi j'ai dû le taire,
Et celle qui l'a fait n'en a jamais rien su.

Hélas! J'aurais passé près d'elle inaperçu,
Toujours à ses côtés, et pourtant solitaire,
Et j'aurais jusqu'au bout fait mon temps sur la terre,
N'osant rien demander et n'ayant rien reçu.

Pour elle, quoique Dieu l'ait faite douce et tendre,
Elle suit son chemin, distraite, et sans entendre
Ce murmure d'amour élevé sur ses pas;

À l'austère devoir pieusement fidèle,
Elle dira, lisant ces vers tout remplis d'elle:
"Quelle est donc cette femme?" et ne comprendra pas.

Sempre gostei de ler poesia em voz alta, coisa que me parece essencial para poder admirar o relevo do texto. Para mim, a poesia é, de certo modo, uma partitura cuja musicalidade só a leitura em voz alta faz aparecer. Isso acontece também com alguns prosadores como Guimarães Rosa: *Grande sertão: veredas* pode, entre outras definições, ser considerado um grande poema em prosa. Tive a rara felicidade de poder ler poesia em voz alta para minha mulher, que preferia ouvir a ler. Existe uma história de um casal americano, em que o marido forçava a mulher a ouvir sua leitura em voz alta todas as noites durante uma hora e meia. Por isso a mulher moveu-lhe uma ação de divórcio alegando maus-tratos, e a separação foi concedida. Bem o contrário de meu caso...

Há tanta coisa para falar de poesia e poetas que muito terá de ficar para outra conversa. Quanto a esta conversa, ela vai agora tocar em alguns outros escritores brasileiros, cuja ausência até agora deve ter causado estranheza.

Não foi pouco-caso nem esquecimento. Pelo contrário, deixei para o fim minhas leituras do romance brasileiro para lhes dar maior destaque. A literatura brasileira é em si mesma um verdadeiro mundo. E, o que é mais, vem alimentando nosso imaginário de forma muito especial. Só falei anteriormente de Machado de Assis e Guimarães Rosa, os "astros" de nossos escritores, mas há muitos outros grandes valores, como, por exemplo, José de Alencar, contemporâneo de Machado de Assis. Sua produção literária é muito grande – cerca de vinte romances –, e seus romances mais conhecidos hoje em dia são *O Guarani* e *Iracema*, textos indianistas. Mas não se fala muito de seus outros bons romances, como as histórias que se passam na Corte (Rio de Janeiro do século XIX) – *Lucíola* e *Senhora* – ou os romances regionais – *O gaúcho, O tronco do ipê, Til* e *O sertanejo*. Todas são histórias muito interessantes e me renderam boas horas de leitura prazerosa.

Os irmãos Azevedo – Aluísio e Arthur – também povoaram minhas horas de leitura. Arthur com seus excelentes contos e peças teatrais, e Aluísio com *O livro de uma sogra* e *O cortiço*, o último sua obra mais conhecida e que, no século XIX, chocou muita gente pela crueza de algumas de suas cenas. Vejo agora que pulei dois dos principais escritores do século XIX. Um foi Manuel Antônio de Almeida, que escreveu um livro muito atraente e original: *Memórias de um sargento de milícias*, publicado anonimamente em 1854, dando como autor "um brasileiro", e que até hoje apresenta uma excelente descrição dos costumes do país no início do século retrasado. Sua linguagem despojada, seu esforço de "guiar" o leitor de uma para outra cena sempre me surpreendem e encantam a cada nova leitura. O outro é Joaquim Manuel de Macedo, autor, entre outros romances, de *A moreninha*, um dos livros mais lidos do século e até hoje muito popular.

Nosso século XX também é pródigo de bons autores, como os nordestinos surgidos a partir de 1930, graças à coragem dos editores Augusto Frederico Schmidt e José Olympio. Graciliano Ramos, que foi preso no Estado Novo como comunista, escreveu a propósito desta experiência uma obra singular e impressionante, *Memórias do cárcere*. Foi também quem registrou os horrores da seca que desumaniza as pessoas em *Vidas secas*, tema também tratado por Rachel de Queiroz, grande romancista que aos 17 anos publicou seu primeiro romance, *O quinze*, que teve duas versões, mas só a segunda publicada. Uma boa ideia seria publicar as duas versões, pois temos na biblioteca o texto original autógrafo, praticamente desconhecido.

Graciliano tinha um agudo senso de humor, como

transparece no relatório que escreveu quando prefeito de Palmeira dos Índios, onde registra – sem os vícios da linguagem da administração pública: "No cemitério enterrei 180 mil réis." José Lins do Rego, autor de *Menino do engenho*, publicado em 1932, familiarizou-me com o dia a dia da vida nordestina e a decadência do ciclo da cana-de-
-açúcar. Com a obra desses autores, o Brasil ficou maior geográfica e literariamente.

Seu contemporâneo Jorge Amado, da Bahia, levou para o mundo literário estrangeiro o amor por coisas brasileiras, documentando belezas e misérias de nossa terra, sempre de forma envolvente. Sempre que vejo meninos de rua me lembro – com uma ponta de tristeza – de seu *Capitães de areia*. Ao mesmo tempo em que apareceram no Nordeste grandes escritores, brilhava, aliás, antes de 1930, no Rio Grande do Sul, a estrela de Erico Verissimo. Ele conseguiu, longe dos polos culturais do Rio de Janeiro e de São Paulo, escrever uma grande obra, *O tempo e o vento*, e outros romances. Seu sucesso foi tão grande que teve o paradoxal resultado de ser considerado "escritor popular", como sinônimo de "secundário", o que está longe de corresponder à realidade.

O Rio de Janeiro teve muitos grandes escritores. Foi

lá, por exemplo, que Clarice Lispector, um dos expoentes de nossa literatura, despontou como autora. E ela tanto nos introduz no mundo interior de personagens complexas, como nos faz acompanhar o itinerário da imigrante Macabéa de *A hora da estrela*.

Outra vez estou ficando meio perdido, pois são tantos os bons escritores brasileiros que sua referência em poucas páginas torna-se inadequada e certamente não satisfatória. Mário de Andrade e Oswald de Andrade, que tiveram papel importante no surgimento do modernismo e foram fonte de inspiração para muitos novos escritores, ficaram de fora. Falar deles, e de muitos outros, como eles merecem exigiria outra conversa, pois esta já está indo muito longe, e é preciso encerrá-la.

Espero que esta prosa tenha interessado tanto a você, leitor "privilegiado", que já faz parte do mundo da leitura, como também tenha agradado a você, caro leitor iniciante, que ainda não teve a oportunidade de penetrar no mundo encantado dos livros e da leitura, que, como já disse, é vasto, mas encantado: um mundo de sabedoria, de prazer e de liberdade. Espero que nos encontremos lá, em outra conversa.

Índice

Alcorão 37

Alencar, José de 94

Almeida, Guilherme de 48

Almeida, Manuel Antônio de 94

Alves, Castro 17, 86

Amado, Jorge 96

Anchieta, José de 53

Andersen, Hans Christian 30

Andrade, Carlos Drummond de 87, 88

Andrade, Mário de 97

Andrade, Oswald de 97

Arvers, Fèlix 89

Assis, Machado de 45, 46, 75, 76, 81, 82, 94

Aventuras do Barão de Münchhausen 69

Azevedo, Aluísio 94

Azevedo, Álvares de 86

Azevedo, Arthur 94

Balzac, Honoré de 76, 77, 78

Bandeira, Manuel 87, 88

Barros, Manoel de 89

Baudelaire, Charles 89

Belinky, Tatiana 29

Bíblia 8, 37, 38

Bilac, Olavo 86, 87

Bossuet, Jacques-Bénigne 45

Camões, Luís de 72, 89

Candido, Antonio 38

Carroll, Lewis 29

Carvalho, Vicente de 86, 87

Cervantes, Miguel de 70

Choderlos de Laclos 80

Corneille 78

Cunha, Euclides da 38

Defoe, Daniel 80

Descartes, René 39

Dias, Gonçalves 86

Dickens, Charles 58, 81

Diderot, Denis 80

Dostoiévski, Fiódor 73, 74

Dumas, Alexandre 16, 83

Durkheim, Émile 39

Éluard, Paul 89

Fielding, Henry 81

Flaubert, Gustave 81

France, Anatole 27

Freyre, Gilberto 38
Gonzaga, Tomás Antônio 85
Grimm, irmãos 30
Haggard, Rider 27
Herculano, Alexandre 26
Holanda, Sérgio Buarque de 38
Homero 68
Hugo, Victor 84
La Fayette, Madame de 79
Lagerlöf, Selma 30
Lispector, Clarice 96
Lobato, Monteiro 29
Macedo, Joaquim Manuel de 95
Machado, Alcântara 42
Machado, Ana Maria 29
Maistre, Xavier de 15
Mann, Thomas 32
Marx, Karl 37, 38
Maugham, Somerset 69
Meireles, Cecília 87, 88
Melo Neto, João Cabral de 88
Merimée, Prosper 81
Mil e uma noites, As 68, 72
Molière 79
Montaigne, Michel de 33, 68, 69, 70, 71
Montesquieu, Charles de 79, 80
Moura, Emílio 88

Petrarca, Francesco 15
Platão 68
Prado, Adélia 89
Prado, Eduardo 82
Proust, Marcel 68, 75, 76
Pushkin, Alexandre 86
Queiroz, Eça de 27, 82
Queiroz, Rachel de 95
Quintana, Mario 88
Racine, Jean 78
Ramos, Graciliano 16, 95
Rego, José Lins do 96
Reinach, Salomão 26
Rimbaud, Arthur   89
Rocha, Ruth 29
Roland, Romain 28
Ronsard, Pierre de 89
Rosa, João Guimarães 68, 75, 76, 82, 93, 94
Sabino, Fernando 28
Saint-Exupéry, Antoine de 29
Salvador, Frei Vicente do 44
Saramago, José 84
Schedel, Hartmann 9
Schmidt, Afonso Frederico 48
Scott, Walter 81
Shakespeare, William 68, 71, 72, 77
Shaw, Bernard 84

Southey, Robert 44
Stendhal 81
Sterne, Laurence 81, 82
Swift, Jonathan 80
Taunay, Alfredo 26, 43, 44
Tchekhov, Anton   74, 75
Telles, Lygia Fagundes 28
Tolstói, Leon 74
Vaz, Leo 48
Verissimo, Erico 28, 96
Verissimo, Luis Fernando 28
Verlaine, Paul 89
Verne, Júlio 27, 30
Voltaire 79
Woolf, Virginia 84

Este livro foi impresso em 2015 para a Nova Fronteira.